तिशन्गी - तृष्णा, तमन्ना तथा तड़प

अपार सिंह

Copyright © Apar Singh
All Rights Reserved.

This book has been published with all efforts taken to make the material error-free after the consent of the author. However, the author and the publisher do not assume and hereby disclaim any liability to any party for any loss, damage, or disruption caused by errors or omissions, whether such errors or omissions result from negligence, accident, or any other cause.

While every effort has been made to avoid any mistake or omission, this publication is being sold on the condition and understanding that neither the author nor the publishers or printers would be liable in any manner to any person by reason of any mistake or omission in this publication or for any action taken or omitted to be taken or advice rendered or accepted on the basis of this work. For any defect in printing or binding the publishers will be liable only to replace the defective copy by another copy of this work then available.

ये कविता संग्रह उस शक्ती को समर्पित है, जिसने मैं महसूस करता हूँ । इस शक्ती ने मुझे आजाद कर, मेरी कल्पना को नया जीवन दिया है ।

ये वहीं शक्ती है जिससे विश्व में कला है, जिसे हर कलाकार ढूढ़ता है । मेरी ये और आने वाली सभी रचनायें, इसी दिव्य शक्ती को समर्पित है ।

क्रम-सूची

प्रस्तावना   ix

भूमिका   xi

आमुख   xiii

तृष्णा

1. कसूर-सुरूर   3

2. ख़ुशी   4

3. गहने   5

4. मेरा   6

5. ज़िद्दी-पन   7

6. बेदर्द   8

7. नहीं है   9

8. बाद   10

9. तृप्ति   11

10. तृष्णा   12

11. वक़्त   13

12. साँसें   14

13. सफर   15

14. समझ   16

तमन्ना

15. अंत-अनंत   19

16. इंतज़ार   20

17. इश्क़   21

क्रम-सूची

18. किनारे — 22

19. चोरी — 23

20. तुझमें — 24

21. तमन्ना — 25

22. तिशन्गी — 26

23. पहले से — 27

24. बनु - 1 — 28

25. बनु - 2 — 30

26. बनु - 3 — 32

27. सम्भालकर — 34

तड़प

28. अगर — 37

29. अच्छा ना बुरा — 39

30. खुद — 40

31. गलती — 41

32. ज़ालिम — 42

33. दरवाज़े — 43

34. देखो — 45

35. धक्का — 46

36. पास मेरे — 47

37. तड़प — 48

38. थोड़ी — 49

क्रम-सूची

39. पल — 50

40. मोड़ — 51

41. मरता — 53

42. मुलाक़ात — 54

43. महसूस — 55

44. सपना — 56

45. रख लो — 57

प्रस्तावना

ये मेरी हिंदी का दूसरा कविता संग्रह है । इससे पहले हिंदी में बूँदें के अतिरिक्त, अंग्रेज़ी में चार कविता संग्रह भी मैंने संजोये । इनकविताओं ने मुझे खुद से मिलाया, बदला और आगे के रास्ते के लिए तैयार किया है ।

ना चाहते हुए भी, शायद ये मेरा आख़री कवितायें हो सकता है । क्यूँकि हिंदी मेरी पहली भाषा है और क्यूँकि मुझे लगता है की अंग्रेज़ी से ज़्यादा असरदार भी है, इस कारणवश मैंने आख़री संग्रह हिंदी में लिखना बेहतर समझा ।

क्या उठने में कुछ देर हो गयी?

सोने से पहले ही सवेर हो गयी ।

ये कवितायें मेरे बुरे वक़्त का आख़री क़िस्सा है । ये कवितायें मेरे दिल का क़ीमती हिस्सा है । आप इन कविताओ को खुले नजरिए से पढ़े । मेरी यही उम्मीद है की आपको कोई कविता छू जाए ।

भूमिका

तिशंगी के तीन - रंग, तृष्णा, तमन्ना और तड़प । आपकी रचना चाहें जो भी हो, उसका मुक़ाम चाहे जो भी हो, और उसका परिणाम चाहे जो भी हो उसमें **डूबकर** ही पता लगता है की चाह क्या होती है । उनको **मिलकर** ही पता चलता है की इबादत क्या होती है । उनसे **हारकर** ही पता चलता है मोहब्बत क्या होती है । खुद से **झुंजकर** ही पता चलता है, ताक़त क्या होती है ।

आधी **तमन्ना** तुझसे मिलने से पूरी हुई,
आधी तेरे मिलने पर पूरी होगी ।
अगर ना हुई पूरी मेरी ये **तृष्णा** तो,
मेरी **तड़प** की इंतहा क्या होगी?

सब कहते है **प्यार** समय के साथ कम हो जाता है। एक **ख़ुमार** ही तो है, धीरे-धीरे उतर जाता है | जो बिन मिले तुम्हें, ये कह दे मुझे उससे कोई रक्ष नहीं । दुनिया उसने वो देखीं ही नहीं, जो हमने देखीं तेरी आँखों में। आग होती क्या है महसूस न की साँसों में । कभी जाना ही नहीं वो बात, जो हमने इशारों में समझ ली । दुनिया मय पीती है, हमने उसकी **अदायें** है पीली | खोयें यहाँ सब ही, हम उसमें खो गए जिसे ऊपर वाले ने **तराशा ही खोने** के लिए है | स्वर्ग का धरा को एक विशेष तोहफ़ा, जिसका **एहसान होने** पर **होने** के लिए है !

आमुख

ऐसी याद ही क्या?
जो मिट जाए ।
ऐसी बात ही क्या?
जो भूल जाए ।
ऐसी आग ही क्या?
जो बुझ जाए ।
ऐसा प्यार ही क्या?
जो झुक जाए ।
ऐसे अश्क़ ही क्या?
जो रुक जाए ।
ऐसी तड़प ही क्या?
जो छिप जाए ।
ऐसा दर्द ही क्या?
जो सह पाए ।
ऐसा रोग ही क्या?
जो जी पाए ।
ऐसी कमी ही क्या?
जो पूरी हो जाए ।
ऐसी कोशिश ही क्या?
जो रंग ना लाए ।

तृष्णा

बिन आग न उठता धुआँ,

ऐसे ही जले न चिंगारी ।

बिन तृष्णा खुदे न कुँआ,

जाने यारी है या ऐयारी ।

ऐसे मुस्कुराया ना करो,

लगे न इश्क़ की बीमारी ।

ऐसे भी बहलाया ना करो,

चढ़ती उतरतीं तेरी ख़ुमारी ।

तुम तस्वीरें न लिया करो,

चीर देती है छाती हमारी ।

अंगो में ४४० वोल्ट दौड़े,

ये इश्क़ जानलेवा बीमारी ।

1. कसूर-सुरूर

समझ से परे जाए जो,
ऐसा हुआ कुछ सुरूर ।
तेरे नशे के ख़ातिर तो,
करूँ बार-बार ये कसूर ।
ऐसे किसी को न छुआ,
चढ़ता नहीं था फ़ितूर ।
पहले न हुआ किसी के,
पास हो कर इतना दूर ।
चढ़ कर उतरे ना जो,
वैसा हुआ कुछ सुरूर ।
एक रात, कई ग़लतियाँ,
करने वाला मैं बेक़सूर ।
सारा मेरा प्यार है तेरा,
बस एक तू ही मंज़ूर ।
मिले या ना मिले हम,
रहूँगा तेरे नशे में चूर ।
खुद पहेलियों से उलझे,
विपर्यय सच-झूठ ज़रूर ।
सही-गलत क्यूँ सुलझे,
सिर्फ़ तुझपे हुआ गुरूर ।

2. ख़ुशी

तेरी आवाज़ सुन ले,
तो जी ले हम हर रोज़ ।
तेरा चेहरा न दिखें तो,
आँखें रहती तुम्हें खोज ।
तेरी साँसे ही धड़कन है,
तेरे होने से सारे एहसास ।
ख़ुशी तेरे होने से होती,
कभी तो रुक मेरे पास ।
तेरी अदाओं का जादू,
मेरे दिल में उतरता जाये ।
तेरे पैरों की आहटें सुनता,
तब चैन मुझे मिल पाये ।
तेरी हँसी मेरी दौलत है,
दिल में खोला है खाता ।
तेरे होने से ही मतलब है,
हो फ़ायदा या हो घाटा ।
जिस दिन तू मुस्कुरा दे,
चले ख़ुशी ७ चाँद रात ।
जब तेरे हाथ मुझे छू ले,
करता खुद से भी बात ।

3. गहने

उसके कानो पर सजने से,
ये बालियाँ सुंदर लगती है ।
उन उँगलियों पर चढ़ने से,
ये आरसियाँ भी चहकती है।
उसे गहनों की गाज नहीं,
बिन उनके भी वो रानी है ।
पर जब वो पहनती इन्हें,
देखें जो, माँगे न पानी है ।
उसके कलाई उठाने से,
ये कंगन क्या खनकते है ।
उसके गले में झूलने से,
ये हार भी सुनहरे लगते है ।
उसे गहने की दरकार नहीं,
वो खुद अनमोल गहना है ।
साथ जिसके भी जुड़ जाये,
चहकते चमकते ही रहना है ।
उसके माथे को चूमकर,
ये टीके चमक इतराते है ।
उसके नर्म पैरों को छूकर,
ये पायल ध्वनि पाती है ।

4. मेरा

जो है मेरा, किसके पास?
ऐसी कमी का है एहसास ।
किसका है जो मेरे पास?
दूर रहा एक शख़्स ख़ास ।
ना शब्द है, ना ही अल्फ़ाज़,
मेरा जो है लौटा दो ख़ास ।
ना भूख है मुझे, न ही प्यास,
सुने क्या वो मेरी अरदास?
मेरा ना था कल, ना है आज,
बदलेगा कब अपने रिवाज?
अनमोल है जिसके अन्दाज़,
जिसकी आँखों में छुपे राज़ ।
न चाहत है, रहता अब नाराज़,
उसके होने से ही बने मिज़ाज ।
सब कुछ मिले, जो वो मिलें,
जो न मिले तो रब से ऐतराज ।
न आहट है, न कोई आवाज़,
उसके होने से जीवन में साज़ ।
सबसे अल्माज, है जो हमराज़,
क़िस्मत से लड़कर हो सरताज ।

5. ज़िद्दी-पन

लगता की इश्क़ नहीं,
ये मेरा निकम्मा-पन है ।
तूने तो जाना भी नहीं,
ये मेरा बावला-पन है ।
लगता है की प्रेम नहीं,
ये मेरा आवारा-पन है ।
तूने तो छुआ भी नहीं,
ये मेरा छिछोरा-पन है ।
लगता है की प्रणय नहीं,
ये मेरा बेचारा-पन है ।
तूने कुछ कहा भी नहीं,
ये मेरा नकारा-पन है ।
लगता है की सम्मोह नहीं,
ये मेरा दुशवारा-पन है ।
तूने कुछ सुना भी नहीं,
ये मेरा बंजारा-पन है ।
लगता है की राँचना नहीं,
ये मेरा अल्हड़-पन है ।
तूने कुछ समझा ही नहीं,
ये ही मेरा ज़िद्दी-पन है ।

6. बेदर्द

बेदर्द इतना तो नहीं है यार,
डर-डर करते, वो भी प्यार ।
कितने सोमवार से रविवार,
करता रहा उनका इंतज़ार ।
बेदर्द तो होती क़िस्मत यार,
जो बंधन रोकते है हज़ार ।
उलझनो से रहते दो-चार,
बमुश्किल मिलता है दीदार ।
बेदर्द दुनिया, बड़े है विचार,
खिंचे सब अनदेखी दिवार ।
उनसे सारी फुर्सतें इख़्तियार,
दिल में घुसे, बन किरायेदार ।
बेदर्द समय का गहरा वार,
छिना हमसे प्यार कई बार ।
चढ़ी गर्मी, उतरता न बुख़ार,
हुई रोशनी से आँखें ये चार ।
बेदर्द तुम न होना इस बार,
वर्ना जाएँगे हम खुद से हार ।
बनो नाँव तुम, मैं बनूँ पतवार,
बने साथी, चले भँवर के पार ।

7. नहीं है

अटकी हो तुम साँसों में,
क्यूँ का जवाब नहीं है ।
जागती हो मेरी रातों में,
ऐसी कोई प्यास नहीं है ।
पास न हो कर साथ हो,
क्यूँ का जवाब नहीं है ।
खलती कमी सवेरों को,
अधूरी सी आस रही है ।
अब हम न काम के रहे,
क्यूँ का जवाब नहीं है ।
काटे कटें न दिन ये रहे,
अल्फ़ाज़ में रास नहीं है ।
आओ या मुझे बुलाओ,
क्यूँ का जवाब नहीं है ।
ज़रूरत रहती शामों को,
संगीत में भी राग नहीं है ।
मौसम में बे-मौसम हुए,
क्यूँ का जवाब नहीं है ।
इस एहसास को कह दे,
ऐसा कोई नाम नहीं है ।

8. बाद

बाद तो बाद होता है,
आज-आज होता है ।
कल के लिए क्यूँ तू?
अपना आज खोता है ।
बाद तो बाद होता है,
आज-आज होता है ।
हैं ये खेल दो पल का,
क्यूँ तू आज सोता है?
बाद तो बाद होता है,
आज-आज होता है ।
समय ये बीत ना जाये,
जीना ना पाप होता है ।
बाद तो बाद होता है,
आज-आज होता है ।
चेहरा देखने को तरसें,
मन बेइलाज होता है ।
बाद तो बाद होता है,
आज-आज होता है ।
तेरे दो पल का साथ,
मेरी तो स्तोत्र होता है ।

9. तृप्ति

तृष्णा बिना कहाँ है तृप्ति,
तृप्ति बिना कहाँ है तृष्णा ।
तेरे साथ का रहता लोभी,
तेरा समय बना मेरी तृष्णा ।
छूने को तेरे रहता त्रिषित,
तुझे पाने की है लालसा ।
होता निशाओं में निशित,
प्यास में तेरी रहूँ जागता ।
प्रगाढ़ चाहत तेरी मुझको,
उपासना तेरा ही नाम है ।
परी-पूर्ण आ करूँ तुझको,
तुझमें कहीं मेरा निशान है ।
सूखी जमीं, घटा न बरसें,
हम तुझे देखने को तरसे ।
अनादि बना आदि, चिर से,
इन केशों में रमा हूँ जबसे ।
तेरी इच्छाओं की ज़ोर लहरें,
रोज़ मेरे सब्र के बाँध तोड़ती ।
ये होंठ सुर्ख, ये आँखों के घेरे,
ये अदायें, कहीं का न छोड़ती !

10. तृष्णा

सुकून तुझमें ही मिलता,
कब से ना तुमको मिले ।
न होना तड़पा मुझे देता,
किसी और से जो मिले ?
चैन तेरे होने से मिलता,
मेरे आस-पास रहा कर।
बेचैनी में रहता पिघलता,
दूरी मुझसे न सहा कर ।
होंठों से होंठ तू ना मिलायें,
अधूरी रहती मेरी सभी बात ।
कितना तुझ को समझायें,
होती काली मेरी सभी रात ।
जुनून सर पर जो छाया है,
हाथ से जो हाथ मिलाया है ।
इस जीवन में जो आया है,
उसमें अब खुद को पाया है ।
काश वो समय जल्द आयें,
अब पूरे मेरे हर जज़्बात हो ।
तृष्णा मेरी मिटें तुझे पी कर,
इन घनी ज़ुल्फ़ों में रात हो ।

11. वक्त

वक्त कैसा बदलता है,
किसी की न सुनता है।
जो कल तक साथी था,
जाने क्यूँ बेपरवाह है?
वक्त इंसान परखता है,
अपना कोई लगता है ।
हँस कर जो मिलते था,
जाने क्यूँ अब रुसवा है?
वक्त क्या समझता है,
मन की कैसी दशा है ।
कल तक जो दोस्त था,
अनजान सा हो गया है ।
वक्त तो सब जानता है,
किससे मेरा राबता है ।
कल तक जो प्यार था,
ओझल वो यार हुआ है ।
वक्त हमारा ठहरता है,
जब से हुआ ये प्यार है ।
तेरे तन मन की वर्षा में,
भीगने का ही इंतज़ार है ।

12. साँसें

मेरी साँसें तुझसे जुड़ गयी,
तुझसे पूरी हर कहानी है ।
आहों में, मेरी बाहों में नहीं,
जलती पर कहीं जवानी है ।
अनछुए एहसास है बेमानी,
अपनी बाहों में खिंच लू मैं ।
मेरी सनक तेरी है निशानी,
तेरा अमृत, घूँटकर पी लू मैं ।
दूर रहकर मुझसे रह पाती,
बने हो ज़रूरत और आदत ।
मुझमें जीति, रह, बह जाती,
तेरी ही भूख, प्यास, कुर्बत ।
साँसों की डोर सम्भालता,
मिलने को जो तुम बुलाओ ।
चलते पानी में आग लगाता,
जलती साँसें, मत जलाओ ।
कोशिश दूर रहने की करतीं,
काश! हो सके हसीन ख़ता ।
दुनिया में सबसे हो क़ीमती,
सिर्फ़ बता नहीं, दूँ भी जता ।

13. सफर

सफ़र में ही बस गया हूँ,
तेरा रास्ता तकता रहा ।
तंग रास्तों पर तनहा हूँ,
तेरे साथ को तरस रहा ।
सफ़र में देखता रह गया,
देता संसार भी, मेरा नहीं ।
बिन माँगे सब देती गयी,
पूरी करी प्यार की कमी ।
सफ़र में अगर साथ दो,
कहाँ न पहुँच पाए हम?
तेरे दर्द के ही सहारे देख,
कहाँ तक चले आए हम ।
सफर में अकेले चलना,
तुम्हें देख सीखें थे हम ।
चल अब मेरे संग ढलना,
कुछ पल तो जी ले हम ।
सफ़र तुझसे ही पूरा हैं,
वरना सब ही अधूरा है ।
ये जन्म ही मेरा बेकार है,
जो न रोज़ तेरा दीदार है ।

14. समझ

समझ से परे होता जो,
ऐसा चढ़ा है मुझे सुरूर ।
मेरे गहरे नशे से होने में,
न तेरा न मेरा ही क़सूर ।
समझ से परे होता जो,
ऐसा कुछ है ये फ़ितूर ।
जो लगे जो दुष्कर सा,
पाने को कोशिश ज़रूर ।
समझ से परे होता जो,
तुमसा मिले न कोई नूर ।
क़िस्मत वाला जो पाये,
या जो तड़पता बेक़सूर ।
समझ से परे होता जो,
शरीर सुलगे जैसे तंदूर ।
छुआ किसने आज तुझे,
पास भी, होता जाये दूर ।
समझ से परे होता जो,
सपने मेरे होते चूर-चूर ।
इस बार भी दगा मिला,
बदलेगा अब ये दस्तूर ।

तमन्ना

मैं लिखना नहीं छोड़ूँगा,

सिर्फ़ कविता नहीं लिखूँगा ।

मैं जीना तो नहीं छोड़ूँगा,

सिर्फ़ कहानियाँ अब गढ़ूँगा ।

मैं कोशिश नहीं छोड़ूँगा,

सिर्फ़ ज़रिये बदल दूँगा

मैं बोलना नहीं छोड़ूँगा,

सिर्फ़ बातें बदल दूँगा ।

मैं सोचना नहीं छोड़ूँगा,

सिर्फ़ तरीक़े बदल लूँगा ।

मैं तुझको नहीं छोड़ूँगा,

सिर्फ़ रास्ते बदल दूँगा ।

15. अंत-अनंत

दूर रहकर देखा मैंने,
रास ना आयी ये दूरी ।
तू सूरज और धरा मैं,
तुझसे जुड़ी मेरी धुरी ।
पास तेरे आना चाहता,
तू डरें मैं जल ना जाऊँ ।
दिन-रात चक्कर मारता,
ढलते-उगते संग चाहूँ ।
थोड़ा गरम, थोड़ा नरम है,
तू ही है शहर और गाँव ।
पास-दूर से हर मौसम है,
चढ़ते-उतरते धूप-छाँव ।
मेरा शक्ति-स्रोत तुमसे,
प्रेरणा और उत्तेजना आए ।
जीवन-मरण का चक्र ये,
तुम्हारे तेज से चलता जाए।
विचित्र ये समय चक्र है,
जिसे चाहे पास, दूर पायें ।
लाखों वर्षों में मिलेंगे हम,
जब अंत-अनंत बन जाए ।

16. इंतज़ार

सभी को होता का इंतेज़ार,
मुझे तो रहता सिर्फ़ तेरा है ।
ये हवायें, घटायें या गुलज़ार,
अहसास सभी का अधूरा है ।
जीवन सभी का है बेज़ार,
तुझ बिन, मेरा हर सवेरा है ।
तुझमें जले आतप बेशुमार,
मेरे पास तो केवल अंधेरा है ।
सबको होती कोई दरकार,
मेरे पास सिर्फ़ प्रतीक्षा है ।
सूरत तकता पल में हज़ार,
तू इन आँखों की इच्छा है ।
मुझे ना करना दरकिनार,
वक्त ये झूझकर आया है ।
सब रेखाओं को तोड़कर,
नसीब को चीरकर पाया है ।
मुझे ना करना अब बेज़ार,
अब जिण समय आया है ।
इस जनम में साथ दे यार,
अगला पिछला सब माया है ।

17. इश्क़

इश्क़ होता क्या है?
ये तेरा मेरा हक़ है ।
इश्क़ माने क्या है?
साथ बिता वक्त है ।
इश्क़ अंततः क्या है?
एक लंबा सफ़र है ।
इश्क़ देता क्या है?
तूफ़ान और भँवर है ।
इश्क़ सुने क्या है?
तेरी मेरी एक दुआ है ।
इश्क़ जाने क्या है?
मन को जो छुआ है ।
इश्क़ बला क्या है?
एक मीठी सी हवा है ।
इश्क़ आखिर क्या है?
एक भरा हुआ कुआँ है ।
इश्क़ समझे क्या है?
एक एहसास, पास है ।
इश्क़ चाहें क्या है?
हँसी जो सबसे ख़ास है ।

18. किनारे

तेरी लहरों में बह गया,
डूबने का शौक़ चढ़ा है ।
तेरे रंगो में ढल सा गया,
हर तस्वीर में तू बसा है ।
तेरे रोकने से ठहर गया,
कदम न आगे बढ़ता है ।
तेरे अभ्र में उड़ता गया,
उतरने से मन डरता है ।
तेरे किनारे शांत बैठ गया,
उठने से ये मन भरता है ।
मौक़े कितने मैं चूक गया,
मिलने को दिल करता है ।
तेरे पहलुओं में रम गया,
निकलने में अवसान है ।
डोर तुझसे जोड़ता गया,
तोड़ने में निकले प्राण है ।
तेरे फ़सानों में खो गया,
ना मिलूँ अब अरमान है ।
तेरे ख़्वाबों में बस गया,
अनंत प्रेम ये अपार है ।

19. चोरी

थोड़ी सी चोरी करता,
तेरे रूप की तस्वीर से ।
अक्सर तुम पर मरता,
ऐसे ही देख कर दूर से ।
थोड़ी सी चोरी करता,
समय की तक़दीर से ।
तेरे लिए ही छुड़ा लाता,
ख़ुद को हर ज़ंजीर से ।
थोड़ी सी चोरी करता,
इश्क़ की तेरे दिल से ।
अधूरा सब पूरा लगता,
जब भी मिलता तुझसे ।
थोड़ी सी चोरी करता,
सब बताकर भी तुमसे ।
प्रणय क़ाबू में जताता,
उन्माद छुपाता तुमसे ।
थोड़ी थोड़ी सी चोरी,
तू भी करता है मुझसे ।
पास तो आने देता पर,
डरता करीब होने से ।

20. तुझमें

काली का तांडव तुझमें ,
पार्वती सी संतोषी भी है ।
उमा की सरलता तुझमें,
पृथ्वी पर दया की वर्षा है।
शक्ति सा तुझमें बसे बल,
और दुर्गा जैसा क्रोध भी है ।
गंगा सी जो बहती निर्मल,
सरस्वती की खोज भी है ।
वो 'आकाश गंगा' से उतरी,
गंगा की तरह, तू उतर आ।
जैसे सजता वो मस्तक पर,
चाँद की तरह, तू सज जा ।
विश्व की रोशनी व ताक़त,
मेरे मन की दृढ़ता बन जा ।
इच्छा और तपस्या बन मेरी,
तीसरी आँख भी तू बन जा ।
आज की नारी का आक्रोश,
ताक़त और पीड़ा भी तुझमें ।
जो ढूँढता वो जोश और होश,
रास्ता खोया सा मिला तुझमें ।

21. तमन्ना

उसे सदा मेरे पास कर दो,
दिलों में अहसास भर दो ।
जैसे वो मेरा जुनून है बनी,
मुझे उसका सुकून कर दो ।
उसे मेरा हर रोज़ कर दो,
उस प्रदाह में ओज भर दो ।
जैसे वो मेरी आहों में बसी,
चाहों में मुझे भी पनाह दो ।
उसे वफ़ा और प्यार कर दो,
इस भँवर में पतवार बने वो ।
हैं मेरी आखिर तमन्ना यही,
उससे दूरी ये अधूरी कर दो ।
बादलों को आज बरसने दो,
बिजली को तेज चमकने दो ।
ना मेरी जीवन प्यास बुझती,
काली घटा बनके बरसने दो ।
हदों को सारी पार करा दो,
अरमानों को सारे मिटा दो ।
मुझे पनाह मिलती है उसमें,
उसे मेरी बाहों में खो जाने दो ।

22. तिशन्गी

मेरे अंदर जो आग जलती,
दिखती उसकी न चिंगारी ।
रुक-रुक कर जाग उठती,
जलने जलाने की खुमारी ।
तेरी तलब रोज़ बढ़ती रहे ,
हज़ारों दिन सी लगे रात ।
लेटूँ जब बिस्तर पर मिलें,
तेरे ख़याल में मेरे जज़्बात ।
ये सजा सौग़ात में मिली,
मना करने को मन न चाहें ।
इस तिशन्गी में तड़पें ऐसे,
उठे-गिरे-कभी-थम जाए ।
हर बार तू कर-कर इंकार,
छोड़ जाती बेक़रार-बेज़ार ।
सोच कर मिलना इस बार,
ताने-बाने कर ना दूँ तार-तार।
बेक़ाबू जुनून की ये बेक़रारी,
जल्द तुझे क़रीब ले आयेगी ।
अधूरे रहे सभी एहसासों को,
एक दिन पनाह मिल जायेगी ।

23. पहले से

ये पहले से ही होता है,
सबने ऐसा कहा मुझसे ।
जो ना हो सका पहले,
आगे भी ना होगा तुमसे ।
कौन किसे ये समझाए,
चले जो उसे रोकते नहीं ।
किस-किसको ये बताए,
बदले जो उसे टोके नहीं ।
जब मन में हो एक जुनून,
नामुमकिन शब्द नहीं है ।
गरम जब होता तेरा ख़ून,
बहाव तोड़े बांध सभी है ।
मन में जब हो कोई आस,
वक्त-बेवक्त लगे क़यास ।
मक़सद बने जब तेरी साँस,
मंज़िल खुद चले आए पास ।
होती न कोई उम्र सीखने की,
खोया समय ना लौट आए ।
चाह हो जब कुछ पाने की,
रोके किसी के रुक ना पाए ।

24. बनु - 1

तेरे कानों का ऐरपोड बनु,
या फिर बालि बन जाऊ ।
तेरे बालों में फूल सा सजूँ,
या तेरी महक बन जाऊ ।
तेरी आँखों में आँसू बनु,
या खुले अधर बन जाऊ ।
तेरे चेहरे की चमक बनु,
या गाल लाल कर जाऊ ।
तेरे नाख़ून पर पेन्ट बनु,
या हाथ की रेखा बन जाऊ ।
तेरी सुबह का छींक बनु,
या नाक की सीध बन जाऊ ।
तेरे ज़ुल्फ़ों का जादू बनु,
या अंग साकार बन जाऊ ।
तेरी बाज़ुओं पर टैटू बनु,
या उंगली का घेरा बन जाऊ ।
तेरी आँखों का काजल बनु,
या पैरों की चुगटी बन जाऊ ।
तेरे महका लीप ग़लोस्स बनु,
या माथे की बिन्दी बन जाऊ ।
तेरी ज़िंदादिल भवें बनु,
या दिलतोड़ ठोड़ी बन जाऊ ।
तेरी सोंधी सी सुगंध बनु,

या उसका अहसास बन जाऊ ।
तेरी कमर की बेल्ट बनु,
या नाभि का इत्र बन जाऊ ।
तेरी जीभ पर मीठा घुलूँ,
या दाँतो से चिपक जाऊ ।
इन घुटनों का टकराना बनु,
या पैरों की खनक बन जाऊ ।
तेरी कोहनी से ज़ख़्मी बनु,
या ऐडी का मरहम बन जाऊ ।
तेरी तेज सी धड़कने बनु,
या हल्की साँसें बन जाऊ ।
तेरी महकी सी आँहें बनु,
या सिसकियाँ बन जाऊ ।
तेरी पीठ पर हाथ फेर लु,
या गर्दन का हार बन जाऊ ।
तेरे मस्तक को मैं चूम लु,
या सारा रस ही पी जाऊ ।

25. बनु - 2

तेरी ठंडा निम्बू पानी बनु,
या गरम आसव बन जाऊ ।
तेरी शामों का सुरूर बनु,
या रातें मदहोश कर जाऊ ।
तुझपे पड़ती क़िरणे बनु,
या पेड़ की छाँव बन जाऊ ।
तुझपे काली घटा सा बरसूँ,
या ओस की बूँद बन जाऊ ।
तेरा हँसना-खेलना बनु,
या तेरी उदासी बन जाऊ ।
तेरा नींद की गोली बनु,
या तेरा जागना बन जाऊ ।
तुझे उपभोग कर सतही बनु,
या मन की गहराई बन जाऊ ।
तेरे जीवन में बस मौजूद रहूँ,
या जीने की वजह बन जाऊ ।
तेरे आकाश में बादल बनु,
या धरा की नहर बन जाऊ ।
तेरे साथ में चाँद सा चलु मैं,
या जलता सूरज बन जाऊ ।
तेरा भूख सी प्यास बनु,
या जीना मरना बन जाऊ ।
तेरे खोने में मिलना बनु,

या सुख दुःख बन जाऊ ।
तेरे संग कुछ देरी सी करूँ,
या वक्त से पहले चला जाऊ ।
तेरी कलाई को मैं जकड़ूँ,
या हाथों को छू संभल जाऊ ।
तेरे मन का चैनों आराम बनु,
या सीने का दर्द भी बन जाऊ ।
तेरे अकेलेपन का साथी बनु,
या गाज बन तुझपे गिर जाऊ ।
तेरे साथ की कुछ यादें बनु,
या तेरी हर आहट बन जाऊ ।
तेरे ऊँची उड़ान के पंख बनु,
या एक घोंसला बन ज़ाऊ ।
तेरे रेगिस्तान की रेत बनु,
या पहाड़ की चोटी बन जाऊ ।
तेरे प्रयल की ताक़त बनु,
या हारने का दोष बन जाऊ ।
तेरे लिए इंसान आम बनु,
या आदमीं ख़ास बन जाऊ ।
सफ़र का मिल पत्थर बनु,
या भाग्य का भागी बन जाऊ ।

26. बनु - 3

तेरी पीने की बोतल मैं बनु,
या प्रोटीन शेक बन जाऊ ।
जो कोरोना की लहर आयें,
तो फ़ेस मास्क बन जाऊ ।
तेरे मोबाइल की स्क्रीन बनु,
या लैप्टॉप कीपैड बन जाऊ ।
तेरे हाथों की स्मार्ट वॉच बनु,
या ऐपल टीवी सेट बन जाऊ ।
तेरा वही नीला हैंडबैग बनु,
या लीप गलोस्स बन जाऊ ।
तेरा इनर-आउटर वीयर बनु,
या शैम्पू - साबुन बन ज़ाऊ ।
तुझे हवा झोलता पंखा बनु,
या स्प्लिट ऐ.सी बन जाऊ ।
तेरे दरवाज़ों का हैंडल बनु,
या कुर्सी के हाथ बन जाऊ ।
तेरे ग्लास में रेड वाइन बनु,
या कॉफ़ी की सिप बन जाऊ ।
तुझे किसी शेडी बार ले चलु,
या फिर स्टारबक्स ले जाऊ ।
तेरी कार की स्टेपनी बनु,
या उसका स्टीरिंग बन जाऊ ।
तेरे फ़ोन का पास्वर्ड बनु,

या लॉक स्क्रीन भी बन जाऊ ।
तेरी लाल बेरेट कैप बनु,
या नीला एवीएटर बन जाऊ ।
तेरे पैर में जँचे चप्पल बनु,
या जूतों का संचय बन जाऊ ।
अपने कंधे पर तेरा सर रखु,
या अपनी गोदी में सुलाऊँ ।
केवल टेक्स्ट और फ़ोन करूँ,
या विडीओ कॉल भी लगाऊँ ।
तेरे कमरे का इंटिरीअर बनु,
या फिर लाइटिंग बन जाऊ ।
तेरी पसंद का संगीत बनु,
या लेटेस्ट सिरीज़ बन जाऊ ।
तेरे खानें का मसाला बनु,
या खीर में दूध बन जाऊ ।
तुझे इन बातों से बोर करूँ,
या मीमस बन हँसा जाऊ ।
तेरे गरमियों की चादर बनु,
या ठंड में कम्बल बन जाऊ ।
तेरा तकिया और बिस्तर बनु,
या फिर हम बिस्तर बन ज़ाऊ ।
नज़रों से दूसरों की बचा लूँ,
पर खुद की से कैसे बचाऊँ ।
जिसने तसल्ली से हैं बनाया,
उस पर क्यू ना सर झुकाऊँ ।

27. सम्भालकर

मुझे सम्भालकर पकड़ना,
मिट्टी के प्याला कच्चा हूँ ।
स्टील की फ़ैक्टरी में नहीं,
ठठेरे के पहिये पर बना हूँ ।
मुझे सम्भालकर रखना,
मेरा वय तेरे हाथों में है ।
स्टील जैसा पक्का नहीं,
टूटते मिलना माटी में है ।
मुझे सम्भालकर चखना,
मेरी यौवन इन होंठों में है ।
स्टील सा चिर काल नहीं,
उम्र घूंट के निचोड़ो में है ।
मुझे सम्भालकर भरना,
ठंडक तो तेरी देरी से है ।
स्टील सा एक-स्वाद नहीं,
स्वाद तो सौंधी सुगंध में है ।
मुझे सम्भालकर जकड़ना,
मेरा आशय तेरे लब से है ।
स्टील समान सब से नहीं,
मेरा मतलब बस तुझसे है ।

तड़प

अगर तुम सिर्फ़ ज़रिया हो,

तो मुझे मंज़िल नहीं चाहिये ।

अगर तू ना हो सकती मेरी,

तो मुझे ज़िंदगी नहीं चाहिये ।

अगर तुम प्यार कल का हो,

तो मुझे दिल्लगी नहीं चाहिये ।

अगर इश्क़ गुब्बारा बन गया,

तो मुझे हवा ही नहीं चाहिये ।

अगर तुम पहलू में किसी के हो,

मुझे जीवन में उमंग नहीं चाहिये ।

अगर तुम प्यार किसी और का,

तो मुझे ये शब्द ही नहीं चाहिये ।

28. अगर

एक बार जो रास्ता छूटा,
तो वो दोबारा ना मिला ।
एक बार जो हाथ छूटा,
तो वो दोबारा ना दिखा ।
जिससे मुझे नफ़रत थीं,
वही आदमी बन गया हूँ ।
कुछ भी नहीं इन हाथों में,
पर ज़िद पर अड़ गया हूँ ।
माँ-बाप कहते जो बात,
आँख मूँद मैं करता गया ।
मेरे दोस्त की सही बात,
हर बार अनसुना किया ।
उसे ज़्यादा ना समझ लु,
इस बात से वो डर गयी ।
मुझे करते हुए प्यार भी,
इस बात से मुकर गयी ।
पाता हूँ आज मैं खुद को,
लेटा काँटों की राहों पर ।
भृत्य चाहता आज़ादी को,
बना के तुझे अपना रहबर ।
अगर मैं ये सब न करता,
क्या कभी तुझसे मिलता?
तुझसे मिलकर है लगता,

जो होता अच्छे को होता ।

• 38 •

29. अच्छा ना बुरा

ना मैं सुधरा, हूँ अलग सा,
न बिगड़ा हूँ, क्या कहीं का?
ग़लतियाँ क्यूँ करता आया,
मिला तुझमें जवाब उसका।
ना मैं अच्छा हूँ, ना ही बुरा,
क्यूँ मैं जुदा, बरबस इश्क़ा?
यूँही ही भटकता रहा हमेशा,
पाने को हिस्सा तेरे मन का ।
ना मैं अपना, ना किसी का,
रहा अकेला, मैं बनूँ किसका ?
तुम ही से ज़िंदगी है राबता ,
ना तुम सा दिल किसी का ।
ना मैं हारा, ना कभी जीता,
खेला नहीं, क्यूँ रहा दुबका?
देखते ही देखते समय बीता,
शायद था तेरी राह तकता।
ना मैं इधर का, ना उधर का,
क्या मैं आधा, बेमतलब सा ?
दर्द जो कल दूँगा सभी को,
सिला आज मिलता उसका ।

30. ख़ुद

खुद को रोक तो लेता,
जो मैं मजबूर ना होता ।
सँभाल भी खुद को लेता,
इतना तुझसे दूर न होता ।
खुद को बदल तो लेता,
जो तेरा फ़ितूर ना होता ।
निकाल भी खुद को लेता,
अगर तुझमें चूर न होता ।
खुद को लूटा तो देता,
जो तुझे पाना ना होता ।
दूर भी खुद को कर लेता,
जो तेरा परवाना न होता ।
खुद को टोक तो देता,
जो तेरा फ़साना न होता ।
तनहा खुद को कर लेता,
जो तेरा दीवाना न होता ।
खुद को मिटा तो देता,
जो तेरा ख़याल ना होता ।
ख़ुशी खुद ही कर लेता,
जो अपना माना ना होता ।

31. गलती

गलती पहले सपने में हुई,
या पहले मन में हुई थी ।
गलती मुझसे अनजाने हुई,
या जानबूझकर हुई थी ।
गलती मेरे बताने में हुई,
या उसके समझने की थी ।
गलती मेरे प्यार में हुई,
या इंतेज़ारे-इकरार में थी ।
मैंने आग को जलाये रखा,
कभी उसे न बुझने दिया ।
बरसाते कई आयी गयी,
मैंने खुद को झोंक दिया ।
है एक दरफ़ा या दो तरफ़ा,
असर पर रहता चौतरफ़ा ।
कितनी तरसा गयी बरखा,
कसक, वो मुझपे न बरसा ।
गलती क्या गलती हुई,
और गलती क्या होती है?
मुझे जो न बर्दाश्त हुई,
वो हमारे बीच की दूरी है ।

32. ज़ालिम

ज़ालिम निकला, एक यार,
चंद लम्हे भी दे ना सका ।
कितनी होती हमें दरकार,
कभी वो समझ ना सका ।
कातिल निकला, जो प्यार,
सुकून के पल दे ना सका ।
करते रहे उसका इंतेज़ार,
एक हाँ भी कर ना सका ।
बेरहम निकला, हर बार,
ख़ुशी के क्षण दे ना सका ।
मिन्नतें करी कितनी बार,
फिर भी वो सुन ना सका ।
बेदर्द निकला, वो बेख़ुमार,
जन्नत द्वार खोल ना सका ।
कितना किया उसे बेक़रार,
वो इतना भी कर ना सका ।
निष्ठुर निकला, एक दीवार,
उससे जो माँगा दे ना सका ।
बना एक अदृश्य सेतु अपार,
चाहकर वो भी लाँघ न सका ।

33. दरवाज़े

दरवाज़े की आवाज़ से,
दिन मेरा शुरू होता था ।
ना अब उसके आने से,
अंदर कुछ पिघलता सा ।
दरवाज़े के एक खुलने से,
दिन भर उसे मैं सुनता था ।
आवाज़ को अब तरसने से,
भागने को मन करता सा ।
कमरे के एक कोने से,
देख कर उसे जीता था ।
लोगों के दिल जलने से,
पर्दे से कोई रुकता था ?
कमरे में उसके आने से,
रोशन सब ही होता था ।
उसके यहाँ से जाने से,
अंधेर सब ही होता सा ।
खिड़की के एक शीशे से,
उसे अक्सर तकता था ।
उसके बालि सुलझाने से,
उलझने को मन करता था ।
खिड़की के आर-पार से,
समय जो भी मिलता था ।
दिल कभी रुकता सा था,

कभी ज़ोर से धड़कता था ।

34. देखो

मुझ से पूछ कर देखो,
थोड़ा समझ कर देखो ।
कशिश वाली तड़प को,
कभी तुम सह कर देखो ।
मन की तह जाकर देखो,
आँखें यें मिलाकर देखो ।
खड़ा तुम्हारे दीदार को,
खिड़की खोल कर देखो ।
कभी मेरा बन कर देखो,
साथ मेरे चल कर देखो ।
संग वर्षा में भीगो कभी,
होंठों से मय पी कर देखो ।
दिल में झांककर कर देखो,
दूरियाँ यें मिटा कर देखो ।
पलके ये झुकाती हो जब,
उठाकर, लेते मुझे आहें देखो ।
समय साथ बिता कर देखो,
मेरे जीने का कारण देखो ।
समा जब-जब पिघले तब,
बाहों में बाहें डालकर देखो ।

35. धक्का

समझा तब की रुका था,
खुद को अब धक्का मारू ।
उसे खोने को जबसे डरता,
मिलने को हुआ मैं उतारु ।
उसने मौक़े ना कभी दिए,
जो कभी तनहा मिल लेते ।
इसलिये अहसास के लिए,
अन गलियों से गुजर लेते ।
कोशिश कीकी पास आये,
फ़ासले ना पास आने देते ।
इसलिये सुवास के लिए,
गुलाब का फूल सूंघ लेते ।
रोज़ बढ़ते जुनून के लिए,
तुम भी बेक़रार हो लेते ।
रातों में बिताने के लिए ।
तेरे तकिए से चिपक लेते ।
इकरार वो कभी न करते,
बरसों यूँही हम जीते आये।
दूर रहकर भी न समझे?
बने एक मक़सद, हमसाये।

36. पास मेरे

तेरे साथ जो आयी थी,
पास मेरे ही रह गयी वो ।
लकीरें तो है लेकिन वही,
तेरे हाथ से थी मिलाईं जो ।
तेरे साथ जो आयी थी,
पास मेरे ही रह गयी वो ।
सपने हूँ देखता फिर वही,
आस के तेरी जगाए जो ।
तेरे साथ जो आयी थी,
पास मेरे ही रह गयी वो ।
यादें दरमियान है वही,
साथ बैठकर बनाई जो ।
तेरे साथ जो आयी थी,
पास मेरे ही रह गयी वो ।
तेरे पैरों की आहटें नहीं,
कमी महसूस होती जो ।
तेरे साथ जो आयी थी,
पास मेरे ही रह गयी वो ।
तेरे होठों की कंपन का,
अहसास न पा सका जो।

37. तड़प

सामने अब आती तो नहीं है,
ना मैं ही अब सामने आता हूँ ।
जीवन में बिन तेरे रहती कमी,
उसे पूरा करने चला आता हूँ ।
याद जब-जब तेरी आती है,
अक्सर थोड़ा तड़प जाता हूँ ।
कुछ यादें बनी जिस जगह,
वहीं फिर मैं खुद को पाता हूँ ।
आँखो से ओझल जब से है,
चैन नहीं अब कहीं पाता हूँ ।
न मन की बात न करता अब,
ये राज़ ख़ुद से छुपा जाता हूँ ।
कोशिशें कई तुमने भी की है,
पर कहाँ तुम्हें भुला पाता हूँ ।
जितनी दूरी बढ़ाती जाती है,
उतना पास मैं खिंचा आता हूँ ।
फ़िर से मिलो ये दुआ की है,
चलते जग में ठहरा जाता हूँ ।
तुम्हारे बिना जीना पड़ा जो,
अक्सर सोच सहम जाता हूँ ।

38. थोड़ी

बात समझती थोड़ी है,
लड़की मनमौजी पूरी है ।
कोई ज़बरदस्ती थोड़ी है,
जीती पलों में छोकरी है ।
किसी एक की थोड़ी है,
कुदरती स्वभाव बेदाम है ।
सिर्फ़ प्यार की भूखी है,
बाक़ी सब तो निष्काम है ।
आशिक़ भी कम थोड़ी है,
मिले न ऐसी वो मौंड़ी है ।
उसे अपने पास रखने की,
मेरी कोई हस्ती थोड़ी है ।
उसकी आँखों से पिया है,
वो नशा कुछ और ही है ।
बोतल ख़ाली कर चुका,
चढ़तीं बस थोड़ी ही है ।
ये अंतर्द्वंद्व दिखता थोड़ी है,
छाती पर लगतीं हथोड़ी है ।
प्यार सदा, अब छुपाऊँ तो,
मेरी कोई गलती थोड़ी है ।

39. पल

एक तस्वीर देख कर आज,
मुझे सहसा समझ आया ।
कमी जो था महसूस करता,
पल जो कभी मिल न पाया ।
वो बैठी है बच्चों के साथ में,
चेहरे पर उसके मुस्कान है ।
ये ख़ुशी के पल साथ जियूँ,
जागें कुछ ऐसे अरमान है ।
मैं अपने बचपन चला गया,
लड़कपन फिर घूम आया ।
जवानी की समय भी बीता,
क्यूँ तुमसा ना कोई पाया ?
ये ख़ुशी जो उसे मिलती है,
प्रेम में, प्यार में, परिवार में ।
ढूँढता था तलाशा हमेशा से,
कहाँ ऐसा नसीब मैंने पाया?
अजब क़िस्मतों का खेल है,
कहाँ आ गया मैं सोचता हूँ ।
जब मिलना ही नहीं हमको,
फिर याद उसे मैं करता क्यूँ?

40. मोड़

इस मोड़ पे पहले भी आया,
पर क्यूँ लगता ये बदला सा?
अंदर मेरे जमा था सब कुछ,
आज सब क्यूँ है पिघला सा?
क्यूँ खुद का मैं दुश्मन बना?
ना पास दोस्त, न यार ही है ।
किस रेत में गया फिसलता?
ना इस जीवन में प्यार ही है ।
ऐसे ही मैं जीता चला गया,
ग़म को ही क्यूँ पीता आया?
जवानी में बैठा शेर लिखता,
क्यूँ मन का साथी न पाया?
दिल कई बार क्यूँ न लगाया?
सालों इश्क़ से रहा घबराया ।
क्यूँ जिसके भी मैं पास आया?
उसके साथ वक्त न मिल पाया ।
मैंने कभी आज़ादी न देखीं थी,
फिर भी कैसे गुलामी अपनाई?
मैंने आँखें ना रूमानी देखीं थी,
न सोच, समझ दुनिया बसाई ।
क्यूँ मुझे न गुमान था कभी?
की वो है और हम टकरायेंगे ।
मिलते रहे थे अनजाने सभी,

न सोचा अपने अब बन पायेंगे ।

तिशन्गी - तृष्णा, तमन्ना तथा तड़प

न सोचा अपने अब बन पायेंगे ।

41. मरता

पल-पल मैं मरता हूँ,
जीने से अब डरता हूँ ।
ग़लती किसी की हूँ,
रोज़-रोज़, मैं भरता हूँ ।
कश-कश मैं मरता हूँ,
साँस में ज़हर भरता हूँ ।
चिंगारी ऐसी लगी हैं,
बुझ-बुझ, मैं जलता हूँ ।
बूँद-बूँद मैं प्यासा हूँ,
सब कुछ पी जाता हूँ ।
तलब ऐसी लगाता हूँ,
ना पूरा, ना आधा हूँ ।
उठ-उठ कर सोता हूँ,
करवटें बस बदलता हूँ ।
सच सपना, अस्पष्ट हूँ,
यथार्थ में, मैं ध्वस्त हूँ ।
कल-आज में खोया हूँ,
ना जागा ना सोया हूँ ।
सुइयों से पूरा पिरोया हूँ,
मन ही मन, मैं रोया हूँ ।

42. मुलाक़ात

मुलाक़ात ना दी एक तूने,
दोस्त यूँ ही मिल लेते है ।
जितने मिन्नतें करी मैंने,
अनजान तक सुन जाते है ।
मुलाक़ात ना दी एक तूने,
अक्सर ना मिल पाते है ।
तेरे एक हाँ की ख़ातिर ही,
अब सारे रास्ते रुक जाते है ।
मुलाक़ात ना दी एक तूने,
और तड़पते हम जाते है ।
खुद ना और तुझसे ही,
नज़र अब मिला पाते है ।
मुलाक़ात ना दी एक तूने,
लगा वादे निभाने आते है ।
एक तुमसे मिलने के वास्ते,
खुद तुमसे तक लड़ जाते है ।
मुलाक़ात ना दी एक तूने,
फ़ासले ये बढ़ते जाते है,
तेरे सिवा कोई और नहीं,
खुद को ना रोक पाते है ।

43. महसूस

नहीं पता कैसा महसूस करता,
जब वो नज़र से ओझल हो जाती ।
नहीं पता क्या हैं मुझपे बीतता,
जब कभी वो मिलने नहीं आती ।
नहीं पता कैसा महसूस करता,
जब वो मेरा प्यार न लौटाती ।
नहीं पता क्यूँ कोशिश करता,
जब वो हालत न समझ पाती ।
नहीं पता कैसा महसूस करता,
जब वो ख़्याल से गुजर जाती ।
नहीं पता क्यूँ रोक नहीं पाता,
जब भी वो सामने दिख जाती ।
नहीं पता कैसा महसूस करता,
जब वो मुझे नज़रंदाज़ करती ।
नहीं पता कैसे समय काटता,
जब वो मुझसे दूर चली जाती ।
नहीं पता कैसा महसूस करता,
जब वो गैर की बाहों में होती ।
नहीं पता क्या क्या मैं सोचता,
सिर्फ़ मेरी हो, क्या ये हो सकता?

44. सपना

सपना तो सपना होता है,
ग़ैर कहाँ अपना होता है ।
जागते हुए जो सोता है,
अक्सर वो तनहा होता है ।
सपना तो सपना होता है,
सोचने से ना कुछ होता है ।
मौक़ा मिले कुछ होता है,
बिन मौक़ा सब धोखा है ।
सपना तो सपना होता है,
हमें बस चलना होता है ।
क़िस्मत वाले होता है,
बिन क़िस्मत खोता है ।
सपना तो सपना होता है,
सही वक्त सब मिलता है ।
पाता वही तू जो बोता है,
ऐसा अक्सर कहाँ होता है?
सपना तो सपना होता है,
बड़ा-बढ़ता, छोटा-घटता है,
रहे साथ में तेरे सम्भाल लें,
बाक़ी हर सिक्का खोटा है ।

45. रख लो

मुझे अपने साथ रख लो,
तेरे संग समय बिताऊँगा ।
चाहे तो जाँच-परख लो,
रूखा-सूखा भी खाऊँगा ।
मुझे अपने पास रख लो,
पलकों पर बिठाऊँगा ।
किसी का न हुआ कभी,
पर तेरा मैं बन जाऊँगा ।
मुझे अपने पास रख लो,
प्यार के मायने बताऊँगा ।
सुकून तेरी साँसों का बन,
ज़ुनून क्या है दिखाऊँगा ।
मुझे अपने पास रख लो,
वर्ना अधूरा रह जाऊँगा ।
तुझे जो ना पूरा कर दूँ,
बावला ही कहलाऊँगा ।
मुझे अपने पास रख लो,
सबसे मैं लड़ जाऊँगा ।
तेरा साथ ना मिला तो,
भगवान से रूठ जाऊँगा ।